DON
BOSCO

Melanie Fenzl

Die 50 besten Spiele für den Anfangsunterricht

für 5- bis 7-Jährige

DON BOSCO

MiniSpielothek

Gerne nehmen wir Ihre Anregungen,
Wünsche, Kritik oder Fragen entgegen:

Don Bosco Medien GmbH, Sieboldstraße 11, D-81669 München
anregungen@donbosco-medien.de
Servicetelefon +49(0)89 48008-341

Bibliografische Information der Deutschen Nationalbibliothek

Die Deutsche Nationalbibliothek verzeichnet diese Publikation in der Deutschen Nationalbibliografie; detaillierte bibliografische Daten sind im Internet über http://dnb.d-nb.de abrufbar.

klimaneutral gedruckt
www.klima-druck.de
ID-Nr. 23149729

1. Auflage 2024 / ISBN 978-3-7698-2572-5
www.donbosco-medien.de

Umschlag: Don Bosco Medien GmbH, München
Umschlaggrafik: sonia/stock.adobe.com
Layout: Alexandra Paulus
Satz: Don Bosco Medien GmbH, München
Druck: Don Bosco Druck & Design, Ursensollen
Gedruckt auf umweltfreundlichem Papier

Inhalt

„Am ersten Schultag
wünsche ich
viel Freude und viel Spaß
für dich."

Friedrich Morgenroth

Spiele zum Kennenlernen

Vorstellungsrunde

Die Kinder stehen im Kreis. Nun darf sich der Erste mit seinem Namen und einer seiner Vorlieben vorstellen. Wichtig dabei ist, dass die Vorliebe mit dem gleichen Anlaut wie der Name beginnt. So könnte sich Noah beispielsweise vorstellen: „Ich bin Noah und ich esse gerne Nudeln.“ Oder Franzi: „Ich bin Franzi und ich spiele gerne Fußball.“ Passend dazu macht das Kind eine entsprechende Bewegung. Im Anschluss wiederholen alle anderen Kinder in der Du-Form, z. B. „Du bist Franzi und du spielst gerne Fußball (plus entsprechende Bewegung). Nun darf sich das nächste Kind vorstellen. So geht es einmal im Kreis, bis sich alle vorgestellt haben. Empfehlenswert ist, dass sich als erstes die Spielleitung vorstellt, damit die Kinder verstehen, worum es geht.

Variation

Anstatt einer Vorliebe können auch Tiere mit einem passenden Anlaut genannt werden.

Luftballon-Bote

Die Spielleitung bereitet im Vorfeld für jedes Kind der Klasse einen Luftballon vor. Dazu pustet sie den Luftballon auf und schreibt den Anfangsbuchstaben/Anlaut des jeweiligen Namens als Großbuchstabe deutlich sichtbar darauf. Zu Musik dürfen die Kinder durch das Klassenzimmer tanzen und mit allen Ballons spielen. Stoppt die Musik, nimmt sich jeder einen Luftballon und bringt ihn einem Kind, dessen Name mit dem auf dem Ballon stehenden Anlaut beginnt. Hat jeder einen passenden Ballon, kann eine neue Runde beginnen.

Variation

Bei zunehmender Lesekompetenz können auch die vollständigen Vornamen auf die Ballons geschrieben werden.

Material

Luftballons, Permanentmarker, Musik

Wer ist in meiner Klasse?

Die Spielleitung gibt jedem Kind ein Blatt, auf dem verkleinerte Einzelfotos aller Kinder der Klasse zu sehen sind, optional auch eines der Lehrkraft oder (falls vorhanden) eines des Klassenmaskottchens. Zwischen und unterhalb der Fotos sollte etwas Platz sein. Jetzt laufen die Kinder los und lassen die Mitspieler unter dem passenden Bild ihre Namen schreiben. Das heißt, jedes Kind schreibt auf dem Blatt eines jeden anderen seinen Namen unter sein Foto. Mit der Überschrift „Wer ist in meiner Klasse?“ kann dieses Blatt auch als erster Hefteintrag genutzt werden.

Hinweis

Viele Lehrkräfte machen am ersten Schultag Einzelfotos der Schüler als Erinnerung, als Merkhilfe oder zum Personalisieren von Schulgegenständen. Wer solche Fotos hat, kann diese für dieses Spiel nutzen.
Achtung: Unbedingt Datenschutzerklärung beachten!

Material

Vorbereitete Blätter mit Einzelfotos aller Kinder, Stifte

Was und wer gehört hierher?

Angela Gully
Box, 32 Karten, 9 x 13 cm, inkl. Begleitheft

EAN 4260694 **92258** 3
€ (D) 14,00* | € (A) 14,40 | sFr. 17,80

Von 3 bis 6 Jahren

Welche Gegenstände gehören in ein Krankenhaus, wen trifft man im Postamt oder im Schwimmbad? Die 32 Bildkarten in diesem Sortierspiel bilden acht alltägliche Orte ab, denen Personen und Objekte zugeordnet werden können. So wird spielerisch die visuelle Wahrnehmung gefördert und das assoziative Gedächtnis trainiert. Ein variantenreiches Legespiel für Kinder ab drei Jahren.

Mehr, weniger oder gleich viel?

Angela Gully
Box, 30 Karten, 9 x 13 cm, inkl. Begleitheft

EAN 4260179 **51455** 5
€ (D) 14,00* | € (A) 14,40 | sFr. 17,80

Von 3 bis 6 Jahren

Für Kinder machen Zahlen erst dann einen Sinn, wenn sie diese mit konkreten, greifbaren Mengen in Verbindung bringen. Aber auch dann fällt es ihnen noch nicht leicht, zu sagen, welche Menge größer oder kleiner ist: Sind zwei große Schweine vielleicht mehr als fünf kleine Schnecken? Mit diesem Kartenmaterial erwerben die Kinder in der Gruppen- oder Einzelarbeit elementares Zahlenwissen, das über die bloße Kenntnis der Zahlwörter hinausgeht.

Mit Kindern über Abschied, Verlust und Tod sprechen

Margit Franz
Box, 44 Karten, DIN A5, inkl. Begleitheft

EAN 4260179 **51705** 1
€ (D) 18,00* | € (A) 18,50 | sFr. 22,30

Von 4 bis 10 Jahren

Offen und neugierig stellen Kinder Fragen zum Tod und erzählen von Erlebnissen, die sie tief bewegen. Mit den Fotokarten und den Impulsfragen können Erzieher:innen und Lehrer:innen Kinderfragen aufgreifen, mit den Kindern ins Gespräch einsteigen und trauernde Kinder begleiten. Inkl. Begleitheft mit methodischen Hinweisen.

Kinderschutz: Trauerpädagogik. Umgang mit Sterben und Tod in Kita und Grundschule

Margit Franz
Box mit Buch, 104 Seiten, DIN A5,
plus: 70 Karten, DIN A6

ISBN 978-3-7698-**2571**-8
€ (D) 28,00 | € (A) 28,80 | sFr. 33,60

Was trauernde Kinder brauchen: In diesem Set aus der Reihe „Medienpakete für das Kindeswohl" erhalten pädagogische Fachkräfte umfassende Informationen, um Kinder bestmöglich in der Trauerbewältigung zu unterstützen. Dabei liegt der Fokus vor allem auf dem Erstellen eines „Erste-Hilfe-Koffers", um ein planvolles Vorgehen im Akutfall zu ermöglichen.

Fotografieren mit Kindern. 30 kleine Fotoprojekte zur Wahrnehmungsförderung und digitalen Bildung

Tina Keck
Box, 32 Karten, inkl. methodischer Hinweise

EAN 4260694 **92242** 2
€ (D) 21,00* | € (A) 21,60 | sFr. 25,20

Von 5 bis 10 Jahren

Ein Selfie hier, ein paar Gruppenfotos da und Hunderte Schnappschüsse von Landschaften, Tieren und, und, und – es war noch nie so einfach, jeden Moment fotografisch festzuhalten. Umso wichtiger ist es für Kinder, sich früh mit dem Medium der Fotografie vertraut zu machen. In diesem Bildkarten-Set finden Sie 30 Projektideen für die kleinen Starfotograf:innen von morgen!

Die Kinderrechte. Ein Legekreis für die Grundschule in 10 Bildern

Melanie Fenzl
32 ausgestanzte Elemente für einen Legekreis, Anleitungs- und Textheft, 8 Seiten, DIN A4

EAN 4260694 **92259** 0
€ (D) 15,00* | € (A) 15,50 | sFr. 19,10

Von 5 bis 11 Jahren

Hochwertiger Legekreis zum Thema Kinderrechte für den Einsatz im Sach- oder Ethikunterricht: Anhand lebensnaher Beispiele erarbeiten Sie ein erstes Verständnis für Grundrechte und Partizipation. Das Set enthält 32 fertig ausgestanzte Elemente mit ansprechenden Illustrationen. So können schon Grundschulkinder ihre Rechte kennenlernen, verstehen und für sie eintreten.

Sprechen und Zuhören im Erzählkreis. 30 Bildkarten mit Erzählspielen für die Grundschule

Nadine Mescher
Box, 31 Karten, DIN A5, inkl. methodischem Begleitheft

EAN 4260694 **92254** 5
€ (D) 22,00* | € (A) 22,70 | sFr. 26,40

Von 6 bis 10 Jahren

Vom Ausflug am Wochenende berichten, zusammen über die großen Fragen des Lebens philosophieren oder Gemeinsamkeiten mit Klassenkameraden finden: 30 Ideen für den Morgenkreis, die unterschiedliche Schwerpunkte und Erzählanlässe berücksichtigen. Ob Wortschatzarbeit, Beziehungsaufbau oder Förderung von Empathie: Machen Sie den Unterrichtsbeginn zu einem besonderen Ritual für freies Erzählen und aktives Zuhören!

Unser Tag in der Schule

Swana Seggewiß
Box, 50 Karten, DIN A5, inkl. Begleitheft

EAN 4260694 **92223** 1
€ (D) 25,00* | € (A) 25,70 | sFr. 30,00

Von 5 bis 7 Jahren

Die fröhlichen Erzählkarten für die Vorschularbeit und den Schulanfang nehmen Kinder mit auf einen Rundgang durch Klassenzimmer, Pausenhof und Turnhalle und zeigen, wie viel Spaß auf dem Stundenplan steht. Schulalltag, Unterrichtsfächer und Rituale werden so schnell vertraut. Das erleichtert nicht nur den Übergang von der Kita in die Grundschule, sondern macht auch Lust auf den Schulanfang und die Schule!

30 Kinderyoga-Partnerübungen für Grundschulkinder

Ulrike Knuth
Box, 32 Karten, DIN A5, inkl. methodischer Hinweise

EAN 4260694 **92264** 4
€ (D) 21,00* | € (A) 21,60 | sFr. 25,20

Von 6 bis 10 Jahren

Gemeinsame Atemübungen zur Entspannung, die die Körperwahrnehmung schulen und dabei Vertrauen und Respekt füreinander aufbauen: Mit den Yogaübungen für zwei haben Grundschulkinder nicht nur Spaß, sie tun auch spielerisch Gutes für Körper und Geist. Die Bildkarten zeigen 30 Übungen, die ganz einfach am Platz mit dem Tischnachbarn durchgeführt werden können!

30 Krafttier-Karten mit Fantasiereisen für Kinder von 4 bis 10

Tanja Draxler
Box, 32 Karten, DIN A5, inkl. methodischer Hinweise

EAN 4260694 **92263** 7
€ (D) 21,00* | € (A) 21,60 | sFr. 25,20

Von 4 bis 10 Jahren

Die Kraft eines Tigers, die Entschlossenheit eines Steinbocks oder die Freiheit des Adlers: Krafttiere sind wertvolle Unterstützer für Kinder, um ihren Alltag zu meistern. Die Fantasiereisen in diesem Kartenset erzählen von 30 Tieren, deren Eigenschaften als positive Bestärkung dienen können. Wie beruhigend, wenn in allen Lebenssituationen ein tierischer Begleiter zur Seite steht!

Herausfordernde Alltagssituationen in der Kita

Karin Kostyra
Box, 30 Klappkarten, DIN A5, inkl. methodischer Hinweise

EAN 4260694 **92206** 4
€ (D) 25,00* | € (A) 25,70 | sFr. 30,00

Essen, wenn rumalbern lustiger wäre, Hände waschen nach dem Gang zur Toilette, aufräumen, wenn gerade andere Dinge spannender sind: Es gibt viele Situationen in Krippe und Kindergarten, die Erzieher:innen vor Herausforderungen stellen. In diesem Kartenset werden 30 Beispiele aus der Praxis mit Lösungsvorschlägen und Reflexionsimpulsen präsentiert, die den Frust auf allen Seiten minimieren. Für ein bedürfnisorientiertes Miteinander in der Kita!

Die Ressourcensonne: Gute Entwicklungsgespräche in der Kita trotz Sprachbarriere

Sieglinde Polzer Grodowski
74 ausgestanzte Elemente für einen Legekreis, Anleitungsheft, 8 Seiten, DIN A4

EAN 4260694 **92247** 7
€ (D) 15,00* | € (A) 15,50 | sFr. 19,10

Der Tag in der Kita, die liebsten Beschäftigungen des Kindes, seine Lernfortschritte und Bereiche, in denen es möglicherweise Hilfe benötigt: Bei Entwicklungsgesprächen mit den Eltern gibt es viel zu besprechen. Damit bei Sprachbarrieren keine Informationen verloren gehen, dient die Ressourcensonne als wertvolle Kommunikationshilfe. Mit ausdrucksstarken Illustrationen für Elterngespräche.

Jetzt nehmen die Kinder das Erzählen selbst in die Hand!

Die Erzählschiene ist das perfekte Medium zur individuellen Förderung von Kindern: in der Einzelarbeit, in Kleingruppen und an Lernstationen. Mit selbst gestalteten Figuren oder den spielfertigen Figurensets von Don Bosco setzen sie Geschichten oder Erlebnisse aus dem eigenen Alltag in Szene und versprachlichen sie dabei.

Videos, Praxistipps und Figurensets auf donbosco-medien.de/erzählschiene

Erzählschiene

Birke-Multiplexplatte,
40 x 15 cm, klar lackiert,
drei gefräste Führungsrillen,
CE-zertifiziert, mit methodischer Anleitung, Startergeschichte

€ (D) 29,00* | € (A) 29,30 | sFr. 34,80

EAN 4260179 **51456** 2

inkl. Begleitheft mit Starterset „Lori auf See"

Szene aus „Heute bin ich"

Die kleine Wolke und die Grundformen

Nicole Roth
6 Bastelbögen auf festem Karton, Begleitheft, 16 Seiten, Textvorlage, DIN A4

EAN 4260694 **92277** 4
€ (D) 15,00* | € (A) 15,50 | sFr. 19,10

Formenlehre mit der kleinen Wolke: Bei ihrem Ausflug auf die Erde lernt sie zahlreiche Vielecke und den Kreis kennen. Kindgerechte Auseinandersetzung mit geometrischen Grundbegriffen auf der Erzählschiene.

Die Schöpfungsgeschichte. Wie Himmel und Erde entstanden

Susanne Brandt/Klaus-Uwe Nommensen
8 Bastelbögen auf festem Karton, Begleitheft, 8 Seiten, Textvorlage, DIN A4

EAN 4260694 **92273** 6
€ (D) 15,00* | € (A) 15,50 | sFr. 19,10

Die Schöpfungsgeschichte der Bibel mit der Erzählschiene vermitteln. Interaktives Erzähltheater zu Gottes Schöpfung in Kita und Religionsunterricht.

Heute bin ich

Original-Illustrationen!

Mies van Hout
12 Bastelbögen auf festem Karton, Begleitheft, 8 Seiten, Textvorlage, DIN A4

EAN 4260694 **92275** 0
€ (D) 15,00* | € (A) 15,50 | sFr. 19,10

Die bunten Fische aus dem Bilderbuchklassiker gibt es jetzt als ausgestanzte Erzählschiene-Figuren mit begleitenden Gesprächs- und Spielideen. Jedes Gefühl wird ausdrucksstark als Bildimpuls dargestellt – so fällt es leicht, von Emotionen zu erzählen!

Schritt für Schritt zur Teilöffnung: Teiloffenes Kita-Konzept

Gabriela Sußbauer
Box, 40 Karten, DIN A5,
inkl. method. Begleitheft

EAN 4260694 **92243** 9
€ (D) 25,00* | € (A) 25,70 | sFr. 30,00

Zwischen etablierten Ritualen wie dem Morgenkreis und freier Wahl nach Interessen: Das Prinzip der teiloffenen Kita beruht darauf, Kindern zugleich Struktur und Selbstbestimmung zu vermitteln. Mit den Methodenkarten haben Erzieher:innen ein wertvolles Werkzeug zur Hand, um in zehn Schritten die Umstellung auf das teiloffene Konzept zu vollziehen.

Konflikte im Kita-Team lösen

Michael Pfreundner
Box, 50 Karten, DIN A5, inkl. method. Hinweise,
inkl. Downloadcode

EAN 4260694 **92268** 2
€ (D) 25,00* | € (A) 25,70 | sFr. 30,00

Das Wichtigste für eine Kita, in der sich Kinder wohlfühlen, ist ein Team, das gut zusammenarbeitet. Selbstverständlich kann nicht immer alles konfliktfrei ablaufen – damit Meinungsverschiedenheiten nicht eskalieren, unterstützt Sie dieses Bildkarten-Set. In sechs Bereichen zur Konfliktbewältigung und Teamkommunikation erhalten Sie wertvolle Hilfestellungen, um Konflikte zu lösen und daraus zu lernen. Auch für Fortbildungen und Teamübungen geeignet!

Bedürfnisorientierte Pädagogik in Kita, Hort und Schule

Sybille Schmitz

Box, 28 Klappkarten, DIN A5, inkl. methodischer Hinweise und Download

EAN 4260694 **92120** 3

€ (D) 25,00* | € (A) 25,70 | sFr. 30,00

Von 0 bis 10 Jahren

Die 28 kindlichen Bedürfnisbereiche nach Sybille Schmitz auf je einer Klappkarte praxisnah erklärt: Beispiele aus dem pädagogischen Alltag, Basisinformationen zur Bedeutung des jeweiligen Bedürfnisses und Impulse für die Fachkraft in Kita, Grundschule und Hort. Von positiver Bestärkung bis zum Grenzen-Setzen – so gelingt bedürfnisorientierte Pädagogik!

Meilensteine der kindlichen Entwicklung. Schritte, Sprünge und Pausen in Entwicklungsphasen von 0- bis 3-Jährigen

Maria Zens

Box, 50 Karten, DIN A5, inkl. method. Hinweise

EAN 4260694 **92269** 9

€ (D) 25,00* | € (A) 25,70 | sFr. 30,00

Welche Entwicklungen machen Kleinkinder durch? Wie weit sind individuelle Varianten normal und wie kann ich die Entwicklung begleiten und fördern? Mit diesem Bildkarten-Set haben Erzieher:innen in der Krippe ein wertvolles Tool zur Hand, um die Meilensteine der Entwicklung im Blick zu behalten. Das Begleitheft, Checklisten und Beobachtungsbögen vervollständigen das Angebot.

Lesen üben mit Bilderrätseln: Frau Holle. 34 Bildkarten zur Leseförderung

Helga Fell
Box, 34 Karten, DIN A5, inkl. methodischem Begleitheft

EAN 4260694 **92255** 2
€ (D) 22,00* | € (A) 22,70 | sFr. 26,40

Von 6 bis 8 Jahren

Womit trägt Goldmarie das Gold nach Hause und wie viele Blumen hat sie auf der Schürze? Dieses Bildkartenset bietet spannende Suchrätsel zum beliebten Märchenklassiker „Frau Holle“. Die Fragen in drei Niveaustufen können von den Kindern selbst vorgelesen und im Team oder auf eigene Faust beantwortet werden. So werden Lesekompetenz und Textverständnis gleichermaßen gefördert, im Deutschunterricht oder daheim.

Lesen üben mit Bilderrätseln: Die Bremer Stadtmusikanten. 34 Bildkarten zur Leseförderung

Helga Fell
Box, 34 Karten, DIN A5, inkl. methodischem Begleitheft

EAN 4260694 **92222** 4
€ (D) 22,00* | € (A) 22,70 | sFr. 26,40

Von 6 bis 8 Jahren

Was haben die Räuber am Kinn, und wer schaut den Tieren beim Essen zu? Dieses Bildkartenset bietet spannende Suchrätsel für aufmerksame Entdecker:innen. Die Fragen und Antworten auf drei Niveaustufen können von den Kindern selbst vorgelesen werden. Lesetraining mit einem echten Märchenklassiker, das Laune macht und spontan in jeder Unterrichtssituation oder daheim eingesetzt werden kann!

Die 50 besten Spiele für den Anfangsunterricht für 5- bis 7-Jährige

Melanie Fenzl
Buch, 80 Seiten

ISBN 978-3-7698-**2572**-5
€ (D) 7,50 | € (A) 7,80 | sFr. 10,30

Von 5 bis 7 Jahren

Mit diesen Spielen und Übungen fördern Sie wichtige Basiskompetenzen wie Konzentration, erleichtern den Kindern das Zurechtfinden im Schulalltag und festigen spielerisch erstes Wissen zu Zahlen und Buchstaben: für einen optimalen Start in Klasse 1!

Die 50 besten Spiele zur Selbstregulation

Angelika Grubert
Buch, 96 Seiten

ISBN 978-3-7698-**2510**-7
€ (D) 7,50 | € (A) 7,80 | sFr. 10,30

Von 4 bis 10 Jahren

Für mehr Selbstbeherrschung und innere Balance: mit Gruppenspielen Kindern helfen, konstruktiv mit Wut, Angst oder Unruhe umzugehen. Abwechslungsreiche Spielideen zum Gleich-Loslegen, leicht anpassbar durch viele Spielvariationen.

Die 50 besten Spiele zu Alltagskompetenzen in Kita, Vorschule und Grundschule

Andrea Erkert
Buch, 80 Seiten

ISBN 978-3-7698-**2573**-2
€ (D) 7,50 | € (A) 7,80 | sFr. 10,30

Von 4 bis 8 Jahren

Was bedeuten die verschiedenen Straßenschilder? Wie ziehe ich am schnellsten eine Jacke an? Woher weiß ich, wie spät es ist? Es gibt unzählige Basiskompetenzen, die Kinder lernen müssen. Die 50 Spiele und Übungen in dieser Sammlung unterstützen sie mit viel Spaß und Abwechslung dabei.

30 Bewegungsstationen für Motorik, Körperspannung und Balance

Nicole Becker
Box, 32 Karten, DIN A5, inkl. methodischer Hinweise

EAN 4260694 **92262** 0
€ (D) 21,00* | € (A) 21,60 | sFr. 25,20

Von 3 bis 8 Jahren

Ein regnerischer Tag und keine Chance, mit den Zwergen vor die Tür zu kommen? Mit diesem praktischen Bildkartenset gestalten Sie fantasievolle Bewegungsparcours mitten in der Kita-Turnhalle! Die bunt illustrierten Turnübungen für Kinder sind mit wenig Aufwand umsetzbar und fördern auf spielerische Weise Balance, Kraft, Geschicklichkeit, Koordination und Ausdauer.

30 Hula-Hoop-Spiele für die Grundschule

Kristina Norta
Box, 32 Karten, DIN A5, inkl. methodischer Hinweise

EAN 4260694 **92265** 1
€ (D) 21,00* | € (A) 21,60 | sFr. 25,20

Von 6 bis 10 Jahren

Eine runde Sache für Bewegungsangebote im Grundschulalter: Auf 30 Bildkarten finden Sie hier kreative Ideen für das Spiel mit dem beliebten Reifen. Von flotten Aufwärmübungen über anspruchsvolle Fang- und Gruppenspiele bis hin zur Entspannungssequenz: Das Set überzeugt mit detaillierten Anleitungen, anschaulichen Illustrationen und zahlreichen Spielvarianten.

Ab ins Reich der Steine!

Susanne Brandt
Box, 32 Karten, DIN A5, inkl. Begleitheft und Downloadmaterial

EAN 4260694 **92270** 5
€ (D) 21,00* | € (A) 21,60 | sFr. 25,20

Von 4 bis 10 Jahren

Welche Geheimnisse birgt die Welt der Steine? Auf 30 Bildkarten finden Sie Spielideen, Experimente und kreative Angebote für die Beschäftigung mit Steinen und Mineralien. Ob Salzkristalle züchten, eine Stein-Safari unternehmen oder Klanggeschichten erfinden: Alle Aktivitäten funktionieren mit wenig Materialeinsatz und lassen Kinder im Kita- und Grundschulalter gewöhnliche Steine mit anderen Augen sehen!

Raus in den Wald!

Monika Bezdek/Petra Bezdek/Carola Bambas
Box, 32 Karten, DIN A5, inkl. methodischer Hinweise

EAN 4260179 **51745** 7
€ (D) 21,00* | € (A) 21,60 | sFr. 25,20

Von 4 bis 10 Jahren

Mit den 30 Bewegungsspielen und Entspannungsübungen wird der Waldausflug zu einem Erlebnis. Leicht verständliche Bildkarten mit klaren Anleitungen zeigen, wie Kinder den Wald beim Spiel mit Naturmaterialien mit allen Sinnen wahrnehmen können. Ganz nebenbei lernen sie so auch heimische Bäume, Pflanzen und Tiere kennen. Perfekt für Waldtage und andere naturpädagogische Angebote!

Kamishibai

Mit der Kamishibai-Methode erzählen die Kinder Bild für Bild eine Geschichte, ohne den roten Faden zu verlieren. Das gelingt mit Märchen und biblischen Geschichten ebenso gut wie mit Sachgeschichten oder Bilderbuchklassikern. **Wählen Sie** zwischen dem schwarz lackierten Kamishibai mit **Einschub von oben** oder dem anthrazit lasierten Kamishibai **mit seitlichen Einschüben**.

Kamishibai mit Einschub von oben

EAN 4260179 **51039** 7
€ (D) 99,00* | € (A) 99,90 |
sFr. 119,00

Kamishibai mit seitlichem Einschub

HIER REIN!

DA RAUS

EAN 4260179 **51733** 4
€ (D) 99,00* | € (A) 99,90 |
sFr. 119,00

Viele Praxisinfos zur Methode und eine Entscheidungshilfe für den Kauf auf mein-kamishibai.de.

/donbosco.verlag
/donboscomedien
YouTube /donboscomedien
/donboscomedien

Preisstand: 1.7.2024. Irrtum oder Änderungen vorbehalten. Alle Preise enthalten die gesetzliche Mehrwertsteuer. Die Preise in € (D) und € (A) sind gebundene Ladenpreise, sofern sie nicht mit einem * gekennzeichnet sind. Preise in sFr. sind unverbindlich empfohlene Ladenpreise.

Alle Bücher von Don Bosco erhalten Sie in Ihrer Buchhandlung oder auf www.donbosco-medien.de/buchtipps.
Fordern Sie unseren aktuellen Katalog an.

Don Bosco Medien GmbH | Sieboldstr. 11 | D-81669 München | Tel.: 089 / 480 08-300 | info@donbosco-medien.de

Gefällt mir

Die Kinder sitzen im Stuhlkreis. Ein Kind steht auf und nennt etwas, das es besonders gut kann oder etwas, das es gerne mag. So könnte es zum Beispiel sagen: „Ich kann gut Höhlen bauen!“ oder „Ich spiele gerne Klavier!“ oder „Ich nasche gerne Gummibärchen!“ Die anderen Kinder überlegen kurz und geben dann durch Position und Daumenabfrage bekannt, wie sehr diese Aussage auf sie zutrifft. Trifft sie voll zu, stehen sie auf, strecken den Daumen nach oben und rufen „Gefällt mir!“. Trifft sie nicht zu, setzen sie sich vor ihrem Stuhl auf den Boden, strecken den Daumen nach unten und sagen „Gefällt mir nicht!“. Können sie sich nicht entscheiden oder haben sie es noch nicht ausprobiert, bleiben sie auf dem Stuhl sitzen. Danach nehmen alle wieder die sitzende Position auf dem Stuhl ein und der Nächste ist dran.

Material

Stühle

Ferienrückblick

Auch durch das Erzählen von Ferienerlebnissen können sich die Kinder besser kennenlernen. Hier eine etwas andere Art, um über die Ferien ins Gespräch zu kommen. Die Kinder stehen mit der Spielleitung im Kreis. In Anlehnung an das bekannte Spiel „Ich packe meinen Koffer“ werden Ferientätigkeiten gesagt, gemerkt, wiederholt und so lange erweitert, bis die Köpfe rauchen. Der Erste beginnt mit dem Satz: „In den Ferien haben wir viel erlebt: Wir waren ....“ Nun kann er sich eine Tätigkeit und die dazu passende Bewegung überlegen, z. B. „schwimmen“ und dazu Schwimmbewegungen machen. Der Nächste im Uhrzeigersinn wiederholt nun seinen Vorgänger und ergänzt um seine Ferientätigkeit und die dazu passende Bewegung. Beispielsweise „In den Ferien haben wir viel erlebt: Wir waren schwimmen (Schwimmbewegungen) und bergsteigen (Kletterbewegungen).“ So geht es nun immer weiter, bis alle an der Reihe waren.

Hinweis

Da die Konzentrationsspanne bei Schulanfängern noch recht kurz ist, empfiehlt es sich nach fünf bis acht Kindern die Aufzählung noch einmal neu zu starten.

Schnitzeljagd durch die Schule

Ein paar Tage nach der ersten Schulhausführung teilt die Spielleitung die Kinder in Kleingruppen (ca. drei bis vier Kinder) auf. Jede Gruppe erhält einen vorbereiteten Zettel mit Fotos wichtiger Personen der Schulfamilie, z. B. Rektor*in, Hausmeister*in, Sekretär*in, Erzieher*in des Horts, Fachkraft der Mittagsbetreuung, Schulsozialarbeiter*in oder Lehrer*in aus dem Nachbarklassenzimmer. In ihren Gruppen sollen die Kinder nun zu den richtigen Orten laufen, dort die gesuchte Person finden und sie um ein Autogramm oder einen Stempel unter dem jeweiligen Foto bitten.

Tipp

Damit sich die Gruppen gleichmäßig im Schulhaus oder auf dem Schulgelände verteilen, ist es hilfreich, die Gruppen zeitversetzt loszuschicken, oder die Fotos auf den Gruppenzetteln in unterschiedlicher Reihenfolge anzuordnen.

Hinweis

Die Aktion sollte im Vorfeld mit allen Beteiligten abgesprochen sein, damit es nicht zu unpassenden Störungen kommt. Außerdem sollte die Uhrzeit beachtet werden, denn Mitarbeiter*innen von Hort oder Mittagsbetreuung sind noch nicht in den ersten Unterrichtsstunden im Haus.

Material

Vorbereitete Blätter mit Fotos wichtiger Personen der Schulfamilie, ggf. Stempel, Stifte o. Ä.

Mein rechter, rechter Platz ist frei

Der Klassiker unter den Kennenlernspielen darf natürlich nicht fehlen. Die Kinder sitzen mit der Spielleitung im Stuhlkreis. Ein zusätzlicher, leerer Stuhl wird rechts neben die Spielleitung gestellt. Die Spielleitung beginnt, klopft dreimal mit der rechten Handinnenfläche auf die Sitzfläche des leeren Stuhls neben ihr und spricht: „Mein rechter, rechter Platz ist frei, da wünsch ich mir ... (beliebiger Name eines Kindes der Klasse) herbei." Das angesprochene Kind fragt: „Als was soll ich kommen?" Die Spielleitung überlegt und nennt ein Tier ihrer Wahl, z. B. „als Löwe". Nun darf das Kind seinen Platz verlassen und auf den leeren Platz neben der Spielleitung wechseln. Dabei soll es sich entsprechend der ausgewählten Tierart bewegen und äußern: in unserem Beispiel wie eine Raubkatze anpirschen, fauchen und Krallen zeigen. Das Kind, dessen rechter Platz durch diesen Wechsel freigeworden ist, darf nun mit dem Klopfen und Wünschen weitermachen. Es darf sich ein noch nicht an der Reihe gewesenes Kind und eine Wunschtierart aussuchen. So geht es nun so lange weiter, bis jeder einmal wünschen und wechseln durfte.

Hinweis

Hier ist ein gutes Gedächtnis der Spielleitung gefragt, denn sie sollte moderierend eingreifen, wenn Kinder doppelt an die Reihe kommen oder einzelne vergessen werden.

Material

Stühle

Bitte gib mir deine Hand

Die Kinder stehen im Kreis. Die Spielleitung schaut das Kind an, das im Uhrzeigersinn neben ihr steht, nennt seinen Namen und sagt: „Bitte gib mir deine Hand!“ Das angesprochene Kind schaut die Spielleitung an, gibt ihr die ihr zugewandte Hand, schaut das Kind auf seiner anderen Seite an, nennt dessen Namen und sagt: „Bitte gib mir deine Hand!“ So geht es weiter, bis das letzte Kind die Spielleitung um ihre freie Hand bittet. Wenn sich alle im Kreis an den Händen halten, wird gemeinsam: „Wir halten zusammen!“ gerufen.

Hinweis

Hier lernen die Kinder nicht nur die Namen ihrer Mitspieler, sondern üben spielerisch höfliche Umgangsformen wie Blickkontakt und das freundliche Formulieren einer Bitte. Außerdem kann durch das gemeinsame „Wir halten zusammen“ das Zusammengehörigkeitsgefühl gestärkt werden.

Variationen

Das Spiel kann mit „Bitte lass meine Hand los!“ auch rückwärts gespielt werden. Die Spielleitung kann die Bitten auch in beide Richtungen losschicken. Das Spiel kann mit „Bitte setz dich an deinen Platz“ auch für das Auflösen des Stehkreises/Sitzkreises genutzt werden.

Gemeinsamkeitensuche

Die Kinder bewegen sich zur Musik durch das Klassenzimmer. Wenn die Spielleitung die Musik stoppt, sucht sich jeder einen Partner, der in seiner unmittelbaren Nähe steht. Nun soll sich jede Zweiergruppe überlegen, was sie gemeinsam haben. Es kann sich dabei um sofort erkennbare Fakten wie Haarfarbe, Augenfarbe, Kleidungsstücke, aber auch um nicht direkt erkennbare Merkmale wie Eigenschaften, Vorlieben, Haustiere, Geschwister, Wohnort etc. handeln. Zum Beispiel: „Mia und ich haben beide blonde Haare." oder „Ahmed und ich wohnen beide in der Mühlstraße." Hat ein Zweierteam der Klasse seine Gemeinsamkeit mitgeteilt, setzen sich beide auf den Boden und die nächsten sind dran. Sitzen alle auf dem Boden kann eine neue Runde begonnen werden.

Variation

Finden die Kinder auch Gemeinsamkeiten, wenn sie sich ihren Partner nicht aussuchen können, sondern einen zugelost bekommen?

Material

Musik

Geheimer Freund

In der ersten Klasse treffen häufig Kinder aus verschiedenen Kindergärten zusammen. Damit diese Kinder nicht nur mit ihren bekannten Freunden spielen, sondern auch Kontakt zu den unbekannten Kindern aufnehmen, kann die Spielleitung jedem Kind einen ausgesuchten Partner zuteilen. Das kann anhand der Klassenliste in einer fortlaufenden Kette erfolgen. Bei der Auswahl sollte darauf geachtet werden, dass die Kinder zuvor noch nicht viel Kontakt hatten. Jedes Kinder bekommt von der Spielleitung den Namen seines „geheimen Freundes“ ins Ohr geflüstert. Dieser Name darf nicht verraten werden. Gemeinsam werden nun Möglichkeiten gesammelt, wie man jemandem eine Freude machen kann, z. B. gemeinsam zur Schule laufen, sich in der Pause zum Spielen verabreden, eine Partnerarbeit oder Freiarbeit gemeinsam erledigen, Hilfe anbieten, etwas Nettes sagen usw. Am folgenden Schultag kümmert sich jeder um seinen „geheimen Freund“. Noch einen Tag später darf geraten werden, wem man zugeteilt war. Im Sitzkreis wird gemeinsam aufgelöst und besprochen, erzählt und reflektiert.

Hinweis

Die Spielleitung sollte sich unbedingt Notizen machen, wer welchen geheimen Freund hat, damit sie bei Unsicherheit noch einmal nachsehen kann.

Material

Klassenliste

Spiele zu den ersten Buchstaben

Eins, zwei oder drei?

Bei diesem Spiel wird das Silbenerkennen geschult. In Anlehnung an die bekannte Quizsendung klebt die Spielleitung mit Malerkreppband drei ausreichend große Bereiche nebeneinander auf den Boden. Alle Kinder stellen sich vor die drei abgeklebten Felder und die Spielleitung erklärt die Spielregeln. Das erste/ linke Feld steht für eine Silbe, das zweite/mittlere Feld steht für zwei Silben, das dritte/rechte Feld steht für drei Silben. Die Spielleitung ruft laut und deutlich ein Wort, z. B. „Hase“. Anschließend sagt sie: „Eins, zwei oder drei, letzte Chance vorbei“. In dieser Zeit springen die Kinder durcheinander durch die drei Felder. Bei „vorbei“ müssen sie in dem richtigen Feld stehen und zwar in dem, welches die Anzahl der Silben des gerufenen Wortes symbolisiert, bei „Hase“ zwei Silben, also das mittlere Feld. So kann die Spielleitung immer wieder Wörter zum aktuellen Wortschatz rufen und die Kinder auffordern, zu überlegen, wie viele Silben, das jeweilige Wort hat.

Material

Malerkreppband

Wir werden Buchstaben

Die Klasse wird in Kleingruppen von drei bis vier Kindern aufgeteilt. Jede Gruppe versucht nun, Buchstaben des Alphabets mit ihren Körpern zu formen. Das große M könnte beispielsweise durch vier Kinder dargestellt werden, indem sich zwei Kinder nebeneinander stellen und sich nach außen lehnen (die beiden schrägen Striche in der Mitte). Einen Schritt entfernt steht jeweils ein Kind, das den schräg nach außen gelegten Partner in seiner Position stützt, selbst aber gerade bleibt (die beiden geraden äußeren Striche). Die Spielleitung geht herum, gibt Anregungen, Tipps oder Hilfestellungen und macht Fotos von den geformten Buchstaben. Diese Fotos können in einer Folgestunde gemeinsam betrachtet und zum Gesprächsanlass verwendet werden.

Hinweis

Bitte Fotos nur machen, wenn in der Datenschutzerklärung der Eltern die Erlaubnis dazu gegeben wurde.

Tipp

Mit den Fotos können auch Buchstabenplakate gestaltet (Fächerverbindung zu Kunst), Portfoliomappen erstellt oder das Klassenzimmer geschmückt werden.

Material

Fotoapparat, Smartphone oder Tablet, großes Plakat, Kleber, Schere

Anfang, Mitte, Ende

Dieses Spiel kann immer eingesetzt werden, wenn ein neuer Buchstabe eingeführt wird. Jedes Kind stellt sich hinter seinen Stuhl. Die Spielleitung nennt laut und deutlich ein Wort, indem der neu zu erlernende Laut (z. B. M/m) enthalten ist. Der Laut kann am Anfang (z. B. Maus), in der Mitte (z. B. Kamel) oder am Ende (z. B. Wurm) des Wortes stehen. Je nachdem, an welcher Stelle die Kinder den Laut hören, verändern sie ihre Position. Hören sie ihn am Anfang des Wortes stellen sie sich auf die Zehenspitzen, strecken die Arme weit nach oben und machen sich lang. Hören sie ihn in der Mitte, bleiben sie gerade stehen und stecken die Arme zur Seite, so als wollten sie eine Sperre bauen. Hören sie ihn am Ende, setzen sie sich auf den Boden und machen sich klein. Um unsicheren Kindern eine zusätzliche Lernhilfe zu bieten, ist es ist sinnvoll, das Ergebnis noch einmal als Satz zu formulieren, z. B. „Bei Oma höre ich das M/m in der Mitte.“ Diese Wiederholung sollte am besten durch die Kinder erfolgen. So wird mit ca. sieben bis zehn Worten verfahren.

Tipp

Bevor Sie sich lange passende Wörter überlegen, schlagen Sie einfach das von ihrer Klasse verwendete Arbeitsheft oder die Fibel auf und wählen Sie die Wörter, die Sie auf den entsprechenden Seiten finden. Diese Wörter sind vom Schwierigkeitsgrad angemessen und bestehen vorwiegend aus Buchstaben, die in der Reihenfolge des Lehrwerks bereits eingeführt wurden.

Buchstabenwürfeln

Für dieses Spiel teilt die Spielleitung die Klasse in Gruppen von drei bis vier Kindern auf. Jede Gruppe bekommt ein Blatt Papier und einen Würfel. Die Würfel hat die Spielleitung im Vorfeld mit Klebepunkten beklebt. Auf jeder der sechs Seiten klebt ein Klebepunkt mit einem anderen Buchstaben (Buchstaben, die bereits gelernt wurden). Die Gruppen können, müssen aber nicht die gleichen Buchstaben auf ihren Würfeln haben. Die Kinder einer Gruppe würfeln abwechselnd mit ihrem Würfel einen Buchstaben und suchen ein Wort, das mit dem gewürfelten Buchstaben beginnt. Anschließend versuchen sie gemeinsam das Wort zu verschriften.

Tipp

Zu Beginn ist es hilfreich, die Kinder beim Schreiben ihre Anlauttafel verwenden zu lassen.

Variation

Es können anstatt Buchstaben auch Lautkombinationen wie „Sch“, „Ei“, „Au“ oder „Eu“ verwendet werden.

Material

Papier, Stifte, Würfel, Klebepunkte

Buchstabenhütchen

Hierbei handelt es sich um ein Spiel für die Turnhalle. Es werden mehrere Hütchen (abhängig von der Anzahl der bisher gelernten Buchstaben) in der Halle verteilt. An jedes Hütchen hat die Spielleitung im Vorfeld einen DIN-A4 großen Zettel befestigt, auf dem in großer Schrift je einer der bisher gelernten Buchstaben zu erkennen ist. An jedem Hütchen findet sich ein anderer Buchstabe. Die Kinder laufen zu Musik kreuz und quer durch die Halle. Wenn die Musik stoppt, bleiben alle Kinder stehen und frieren ein. Die Spielleitung ruft klar und deutlich ein einfaches Wort, z. B. „Esel". Die Kinder überlegen, mit welchem Anlaut das gerufene Wort beginnt und rennen zum passenden Hütchen. Es ist nicht schlimm, wenn einzelne Kinder zu falschen Hütchen laufen. Meistens korrigieren sie sich im Lauf noch selbst. Den größten Lerneffekt hat es, wenn die Kinder anschließend auf ein Signal der Spielleitung gemeinsam das Ergebnis rufen, hier: „Esel beginnt mit E." Nun startet eine neue Runde und die Schüler laufen wieder zur Musik durch die Halle.

Hinweis

Bei gutem Wetter eignet sich dieses Spiel auch für den Pausenhof.

Variation

Wenn die Kinder sicherer im Umgang mit den Buchstaben sind, kann auch eine Variante mit Ausscheiden gespielt werden.

Material

Hütchen, Blätter im Format DIN-A4 mit Buchstaben, Klebeband, Musik

Buchstaben-Pingpong

Dieses Spiel dreht sich um das Buchstabieren und wird in Zweiergruppen in der Turnhalle gespielt. Jedes Paar erhält einen Ball und stellt sich mit ca. drei Schritten Entfernung sich zugewandt irgendwo in der Turnhalle auf. Die Spielleitung ruft laut und deutlich ein Wort, das zum aktuellen Wortschatz passt und lautgetreu zu schreiben ist, z. B. „Lama". Nun sagt das Kind mit dem Ball „L" und wirft den Ball zu seinem Partner. Dieser fängt den Ball, sagt „A" und wirft ihn wieder zurück. Nun ist wieder das erste Kind dran, fängt den Ball, sagt „M" und wirft ihn wieder zu seinem Partner, der ihn fängt und „A" sagt. So macht das nun jedes Paar für sich. Anschließend warten die Kinder auf das nächste Wort der Spielleitung.

Hinweis

Die Spielleitung sollte bei der Einteilung der Zweiergruppen gegebenenfalls helfen, damit Kinder mit nichtdeutscher Muttersprache oder auch Kinder, die insgesamt noch unsicher beim Buchstabieren sind, Unterstützung durch einen Partner erhalten.

Variation

Die Verwendung von Bällen mit unterschiedlichem Gewicht, Struktur und Größe wie Tennisbälle, Gymnastikbälle, Medizinbälle, Pingpongbällen etc. bringt noch mehr Spaß.

Material

(verschiedene) Bälle

Schüttelwörter

Die Kinder sitzen im Halbkreis vor einem Reifen (beispielsweise Gymnastikreifen). In dem Reifen liegen durcheinander verschiedene Buchstabenkarten verteilt. Die Buchstaben sind von der Spielleitung nicht wahllos gewählt, sondern ergeben in der richtigen Reihenfolge ein Wort, das zum aktuellen Wortschatz der Lerngruppe passt. Die Spielleitung bestimmt so viele Rätselkinder, wie Buchstaben im Reifen liegen. Jedes dieser Kinder tritt vor, nimmt eine der Buchstabenkarten aus dem Reifen und wendet sich damit der restlichen Klasse zu. Nun sollen diese Kinder ausprobieren, in welcher Reihenfolge sie sich mit den Buchstabenkarten aufstellen müssen, damit das gesuchte Wort entsteht. Das Publikum darf ausdrücklich mithelfen! Besonders lustig wird es, wenn mit den Buchstabenkarten mehrere Wörter entstehen können, beispielweise die Buchstabenkarten M, A, L, E, P: Daraus kann sowohl das Wort „AMPEL“ als auch das Wort „PALME“ oder das Wort „LAMPE“ entstehen. Dieses Spiel kann sowohl im Klassenzimmer als auch in der Turnhalle oder im Freien gespielt werden.

Tipp

Die Länge und Schwierigkeit der Schüttelwörter kann differenziert an die Lerngruppe angepasst werden.

Variation

Zu Beginn ist es sinnvoll, es nur eine Gruppe vor der Klasse vorführen und die anderen mitdenken zu lassen. Höhere Schüleraktivierung erreicht man jedoch, wenn nicht nur eine Gruppe rätselt, sondern die gesamte Klasse in Gruppen aufgeteilt ist und jede Gruppe einen eigenen Reifen hat. Verteilt die Spielleitung im Vorfeld mehrere Reifen mit unterschiedlichen Schüttelwörtern, können die Gruppen die Reifen wie bei einer Stationenarbeit wechseln.

Material

Buchstabenkarten, Reifen

Buchstabengeburtstag

Am Ende jeder Woche kann ein kleiner Buchstabengeburtstag gefeiert werden, immer zu Ehren des Buchstabens oder des Lauts, der in der jeweiligen Woche neu gelernt wurde. Die Kinder dürfen an diesem Tag Dinge von zuhause mitbringen, in denen der Buchstabe enthalten ist und diese dann im Sitzkreis den anderen vorstellen. So könnten am B/b-Geburtstag Kinder einen Kuscheltierbären, ein Spielzeugboot, einen Fußball, einen Bleistift oder einen blauen Gegenstand mitbringen und vorstellen. An diesem Tag könnte auch eine Seite zum passenden Buchstaben in einem speziellen Buchstabenheft besonders schön und bunt gestaltet werden. Zu einem Geburtstag gehört auch ein Lied. Entweder eines, in dem der jeweilige Buchstabe oft vorkommt oder eines, bei dem der neue Buchstabe ins Buchstabenhaus einzieht, in den Buchstabenzug einsteigt oder ähnliches (die meisten Lehrwerke haben ein eigenes kleines Lied dafür konzipiert, das zur Darstellung ihrer Anlauttafel passt). Begeistern können Sie die Kinder, wenn Sie im Anschluss eine kleine Leckerei für jeden austeilen, in unserem Beispiel könnte es ein kleines Brausestäbchen sein.

Material

Kinder bringen Gegenstände zum passenden Buchstaben mit, Buchstabenheft, ggf. Lied, ggf. Leckerei

Buchstabenmarathon

Bei diesem Spiel geht es um das Schreiben einfacher Wörter. Die Spielleitung bereitet für jedes Kind einen Stift vor, der mit einem Klebepunkt versehen ist, auf dem ein Buchstabe steht. Die Vokale A, E, I, O, U sollten auf jeden Fall doppelt vorhanden sein, da sie beim Bilden von Wörtern oft benötigt werden. Ansonsten kann mit den anderen bisher gelernten Buchstaben aufgefüllt werden. Wie oft jeder einzelne Buchstabe vorkommt, können Sie abhängig von der Anzahl der bisher gelernten Buchstaben bestimmen. Wichtig ist, dass an der Tafel oder auf einem großen Plakat notiert ist, welche Buchstaben zur Verfügung stehen. Jedes Kind bekommt nun ein Blatt Papier und einen vorbereiteten Buchstaben-Stift. Aufgabe ist es, dass jedes Kind unterschiedliche Wörter auf seinem Blatt sammelt. Das kann lautgetreu passieren und muss noch nicht orthographisch korrekt sein. Die Schwierigkeit ist allerdings, dass sie die Wörter nicht selbst schreiben, sondern die anderen Kinder dazu brauchen. Denn der benötigte Buchstabe darf nur mit einem entsprechenden Buchstabenstift von dem dazugehörigen Kind geschrieben werden.

Beispiel

Möchte Lotta „OPA“ schreiben, läuft sie mit ihrem eigenen Buchstaben-Stift und dem Blatt los und sucht als erstes ein Kind, das einen O-Stift hat. Dieses schreibt dann ein O auf Lottas Blatt. Nun läuft Lotta weiter und sucht ein Kind mit einem P-Stift. Dieses schreibt dann ein P hinter das bereits vorhandene O. Jetzt fehlt nur noch das A. Lotta findet ein Kind mit einem A-Stift und kann sich ihr Wort auf ihrem Blatt vervollständigen lassen. Anschließend kann sie sich ein anderes Wort überlegen und sich auf einen neuen Buchstabenmarathon machen. Lotta darf dabei nur selbst auf ihr Blatt schreiben, wenn sie mit ihrem eigenen Buchstabenstift den gesuchten Buchstaben schreiben darf. Aber Achtung: Ablenkung ist vorprogrammiert: Denn während ihres Marathons, kann es sein, dass jemand Lotta um ihren Buchstaben mit ihrem Stift bittet.

Material

Stifte, Klebepunkte, Papier

Knack' den Code

Im Sitzkreis erzählt die Spielleitung folgende Geschichte:
Du befindest dich im Dschungel. Es dämmert schon und viele verschiedene Tierstimmen sind zu hören. Du richtest deinen Blick auf die Schatzkarte, die du immer noch in deinen Händen hältst. Den ganzen Tag bist du nun schon auf der Suche, bald müsstest du den Schatz doch gefunden haben. Doch was ist das? Der Weg hört plötzlich auf und vor dir tauchen große Farne auf. Du drückst die grünen Blätter zur Seite und entdeckt eine große Kiste. Na endlich, das muss die Schatzkiste sein. Leider ist sie verschlossen. Doch auf ihr sind seltsame Zeichen, es wirkt fast wie ein neues Rätsel. Kannst du den Code knacken und die Schatztruhe öffnen?
Anschließend stellt die Spielleitung eine verschlossene Kiste (Holzkiste, Schuhkarton o. Ä.) in den Kreis. Auf der Kiste liegen fünf ca. DIN-A4 große Zettel, auf denen jeweils ein Rätsel abgebildet ist. Die Spielleitung zeigt den Kindern nacheinander die Rätsel, die die Klasse gemeinsam lösen soll. In jedem Rätsel muss ein Wort entschlüsselt werden. Das Wort ist nicht in Buchstaben geschrieben, sondern jeder Buchstabe wurde mit dem passenden Bild auf der An-

lauttafel codiert. Das Wort „Gold“ könnte also durch folgende Bilder dargestellt werden: Gabel, Oma, Löwe, Dose. Haben die Kinder gemeinsam die Rätsel gelöst, wird die Schatztruhe geöffnet, in der sich kleine Leckereien (z. B. Schokoladengoldtaler) befinden. Oft stellen Verlage passend zu ihrem Lehrwerk die Bilder der Anlauttafel digital zur Verfügung. Wenn das bei Ihnen nicht der Fall ist, kopieren sie sich einfach die Anlauttafel ein paar Mal, schneiden sie die benötigten Bilder aus und kombinieren sie anschließend die Wörter.

Hinweis

Bei diesem Spiel wird die Orientierung auf der Anlauttafel geübt. Die Anzahl der Rätsel und Schwierigkeitsgrad der Wörter können Sie individuell an Ihre Lerngruppe anpassen.

Material

Geschichte, vorbereitete Rätsel groß kopiert, Kiste, kleine Leckereien

Spiele zu den ersten Zahlen

Doppelmoppel

Die Kinder stehen mit der Spielleitung im Stehkreis. Die Aufgabe ist es, gemeinsam möglichst weit zu zählen, jedoch darf immer nur eine Person eine Zahl sprechen. Wer eine Zahl gesagt hat, setzt sich. Die Spielleitung beginnt. Sie spricht „1“ und setzt sich auf den Boden. Ein Kind spricht „2“ und setzt sich auch auf den Boden. Ein weiteres Kind spricht „3“ und setzt sich ebenfalls. So geht es immer weiter. Ziel wäre es, dass alle Kinder eine Zahl gesagt und sich hingesetzt haben. Doch das ist viel schwerer, als man denkt, denn es gibt den „Doppelmoppel“. Nennen zwei Kinder gleichzeitig die Folgezahl, rufen alle Kinder „Doppelmoppel“ und es geht wieder von vorne los. Bei diesem Spiel wird nicht nur das Zählen geübt. Zusätzlich wird auch die Impulskontrolle und das Zusammengehörigkeitsgefühl verbessert.

Tipp

Je mehr Kinder sitzen, desto leichter wird es.

Fallschirmflitzen

Für dieses Spiel wird im Freien ein großes Schwungtuch auf dem Boden ausgebreitet. Alle Kinder und die Spielleitung stellen sich gleichmäßig verteilt um das Tuch herum auf und fassen es an den dafür vorgesehenen Schlaufen. Nun wird im Uhrzeigersinn bis fünf durchgezählt, so dass jedes der Kinder einer Zahl von eins bis fünf zugeordnet ist. Diese Zahl soll sich das Kind merken. Nun heben alle gemeinsam das Tuch hoch und schwingen es, erst gleichmäßig, später in Wellenbewegungen. Nach einer kurzen Explorationsphase geht das eigentliche Spiel los. Die Spielleitung lässt die Kinder nach Zahlen geordnet unter dem Schwungtuch durchlaufen. Dazu ruft sie beispielsweise: „Alle Vierer wechseln ihren Platz!“ Die betreffenden Kinder lassen den Schirm los (nur die Vierer-Kinder, alle anderen schwingen das Tuch weiter) und flitzen unter dem Schirm durch zu einem freigewordenen Platz. Wenn alle wieder einen Platz am Schirm gefunden haben, lässt die Spielleitung die nächste Gruppe „flitzen“.

Hinweis

Das Schwungtuch macht den Kindern sehr große Freude. Wer keines in seiner Schule oder Institution findet, kann das Spiel aber auch einfach im Stehkreis ohne Schwungtuch spielen.

Material

Schwungtuch

Waldschatzsuche

Ein besonders schönes, nachhaltiges und alle Sinne ansprechendes Erlebnis ist ein Ausflug in den Wald. Besonders spannend wird der Ausflug, wenn er mit einer Schatzsuche kombiniert wird. Dazu bringt jedes Kind einen leeren 6er-Eierkarton mit. In diese Eierkartons befestigt die Spielleitung einen vorbereiteten Zettel mit Klebeband. Auf diesem Zettel befinden sich exakt sechs verschiedene Suchaufträge, bei denen die Kinder unterschiedliche Naturmaterialien suchen und in den einzelnen Vertiefungen des Eierkartons sammeln können. Da die Kinder im Anfangsunterricht noch nicht sicher lesen können, sollte die Spielleitung Abbildungen der zu suchenden Naturmaterialien und danebenstehend eine Ziffer für die Anzahl auf den Zettel drucken.

Beispiele für Suchaufträge:

1 Kiefernzapfen
5 Eicheln
3 Kastanien
2 Bucheckern
4 Haselnüsse
1 Stück Moos

Tipp

Gehen Sie den Wald ein paar Tage zuvor allein ab, um zu sehen, welcher Weg der beste ist und welche Naturmaterialien dort zu finden sind. Achten Sie bei der Auswahl der zu suchenden Naturmaterialien (Größe, Anzahl) darauf, dass sie in die Vertiefungen eines Eierkartons passen sollten.

Material

Eierkartons, vorbereitete Zettel, Klebeband, Naturmaterial

Naturmaterial zählen und bündeln

Zählen und Bündeln sind für den Aufbau des Zahlenverständnisses von großer Bedeutung. Besser als nur das graphische „Umkringeln“ einer zweidimensionalen Darstellung ist es, Material haptisch zu ertasten und je nach Aufgabenstellung zu legen. Naturmaterialien, die die Kinder gesammelt und mitgebracht haben (beispielsweise im Spiel „Waldschatzsuche“), bieten sich dafür hervorragend an. Die Spielleitung stellt unterschiedliche Körbchen, Boxen oder Kisten zur Verfügung, in die die Kinder allein, mit einem Partner oder in Kleingruppen die Naturmaterialien sortieren können. Anschließend können sie auf einem Teppich oder einem Tisch gezählt oder gebündelt werden.
Diese Tätigkeit kann entweder gleichzeitig mit allen Kindern durchgeführt werden (Achtung: Dafür brauchen Sie ausreichend Material zum Zählen) oder als Freiarbeit sowie zum Differenzieren angeboten werden.

Material

verschiedene Naturmaterialien (z. B. Kastanien, Eicheln, Zapfen ...), Körbchen/Kisten oder Boxen

Steinzahlen

Die Spielleitung stellt eine Box mit ca. 2 x 2 cm großen Steinen und unterschiedlich farbige DIN-A4 Papiere zur Verfügung. Die Anzahl der Farben ist abhängig von der Anzahl der bisher gelernten Zahlen. Die Kinder werden in Gruppen zu je drei bis vier Kindern aufgeteilt und holen sich ein paar Hände voll Steine sowie je ein Papier von jeder Farbe. Aufgabe der Gruppen ist es nun, die bisher gelernten Ziffern mit Steinen auf die farbigen Papiere zu legen. Auf jedes DIN-A4 Papier kommt eine der Zahlen. Haben die Kinder beispielsweise bisher die Zahlen von eins bis fünf gelernt, sollten am Ende bei jeder Gruppe fünf verschieden farbige Papiere liegen, auf denen jeweils eine Zahl mit Steinen nachgelegt ist: Auf einem eine 1, auf einem eine 2, auf einem eine 3, auf einem eine 4 und auf einem eine 5.

Tipp

Wenn Sie die Kinder ihre Werke anschließend fotografieren und diese Bilder ausdrucken lassen, schaffen Sie eine Fächerverbindung zum Kunstunterricht (Visuelle Medien).

Variation

Natürlich können sie auch Naturmaterialien (wie Kastanien, Eicheln, Zapfen ...) oder andere im Klassenzimmer befindliche Materialien (z. B. Mathe-Plättchen, Büroklammern, Stifte, Muggelsteine etc.) verwenden lassen.

Material

Steine, farbige Papiere, ggf. Fotoapparat, Smartphone oder Tablet

Memo-Sucher

Die Spielleitung wählt zwei Kinder aus, die vor die Tür gehen und später die "Memo-Sucher" werden. Die restlichen Kinder sitzen im Kreis. Jedes sitzende Kind erhält eine Karte, auf der eine Zahl steht. Jede Karte ist zweimal vorhanden. Ist die Anzahl der Kinder ungerade, nimmt auch die Spielleitung eine Karte und spielt mit. Die Kinder sehen sich ihre Zahl an, merken sich diese und legen sie verdeckt vor sich ab. Die beiden Memo-Sucher kommen wieder herein und sollen nun gemeinsam durch Nachfragen herausfinden, welche Kinder die gleiche Zahl haben. Dabei arbeiten die beiden zusammen und dürfen sich absprechen. Sie stellen sich in den Kreis, zeigen auf ein Kind und sprechen den Reim „Sag mir mal, sag mir mal, was ist deine Zahl?“ Das angesprochene Kind deckt seine Karte auf und nennt die Zahl. Nun wird ein anderes Kind gefragt. Sind die Zahlen unterschiedlich, werden die Karten wieder umgedreht und die Memo-Sucher probieren es erneut. Sind die Zahlen aber gleich, haben die Memo-Sucher ein Memo-Paar gefunden. Die entdeckten Kinder stehen auf und setzen sich auf ihren eigentlichen Sitzplatz im Klassenzimmer. Das Spiel ist beendet, wenn die Memo-Sucher alle Pärchen gefunden haben und keiner mehr im Kreis sitzt.

Tipp

Anfangs können als Ziel auch nur fünf gefundene Paare als Ziel definiert werden.

Variante

Mit zunehmender Merk- und Konzentrationsfähigkeit können die beiden Memo-Sucher auch gegeneinander spielen.

Material

Zahlenkarten in doppelter Ausführung (beginnend mit der Ziffer 1 in aufsteigender Reihenfolge)

Fitnesswürfel

Die Kinder stehen mit der Spielleitung im Kreis. Abwechselnd dürfen die Kinder einen großen Schaumstoffwürfel in die Mitte des Kreises werfen. Dabei steht jede der Augenzahlen für eine spezielle Bewegung. Diese Bewegungen können entweder von der Spielleitung vorgegeben oder von den Kindern vor Spielbeginn selbst entwickelt worden sein. Liegt nach einem Wurf die Augenzahl für alle sichtbar in der Mitte, beginnen alle die passende Bewegung zu machen. Hierbei wird viel gelacht, denn die Bewegungen werden oft verwechselt.

Beispiele für mögliche Bewegungen

1: auf einem Bein balancieren
2: überkreuzen (linkes Knie zu rechtem Ellenbogen und rechtes Knie zu linkem Ellenbogen)
3: dreimal hüpfen
4: Schultern kreisen lassen
5: Beine und Hände ausschütteln
6: auf der Stelle rennen

Hinweis

Dieses Spiel kann mit allen Kindern gemeinsam, aber auch in kleinen Gruppen oder mit nur einem Partner als Differenzierung oder in der Freiarbeit gespielt werden.

Tipp

Machen Sie sich kurze Notizen, welche Augenzahl für welche Bewegung steht. So können Sie nachsehen, wenn Sie unsicher sind.

Material

großer Schaumstoffwürfel, ggf. kleine Spielwürfel für Differenzierung/Freiarbeit

Zahlensuche

Die Spielleitung hat im Vorfeld mit Straßenkreide 1 x 1 m große Felder auf den Boden des Pausenhofs gezeichnet. Diese Felder sollten nicht nebeneinander, sondern überall verteilt sein. In jedem Feld steht eine Zahl zwischen 1 und 9. Jede Zahl sollte dreimal zu finden sein, sodass insgesamt 27 Felder entstehen. Die Spielleitung ruft eine beliebige Zahl zwischen 1 und 9. Die Kinder laufen los, suchen ein Feld mit der gerufenen Zahl und stellen sich in das Zahlenfeld. Der letzte, der eines der passenden Felder erreicht, setzt eine Runde aus und darf danach wieder mitspielen.

Tipp

Wer keine asphaltierten Flächen auf dem Schulhof hat, kann auch Nummern auf Zettel schreiben und diese auf den Grünflächen auslegen oder an Büschen befestigen. Achtung: In diesem Fall festen Karton verwenden oder laminieren, da die Zettel sonst schnell reißen.

Variationen:

- Kann auch mit Ausscheiden gespielt werden. Der Letzte, der übrig bleibt, ist der Sieger und darf als Nächster die Zahlen rufen.
- Anfangs können auch nur die Zahlen von 1 bis 5 verwendet werden.
- Mit zunehmender Rechenfähigkeit kann die Spielleitung nicht nur eine Zahl, sondern eine einfache Rechenaufgabe (z. B. 1 + 3) rufen. Hierbei darauf achten, dass die Summe die Zahl 9 nicht übersteigt.

Material

Straßenkreide, ggf. Zahlenzettel

Zahlentausch

Die Kinder stehen mit der Spielleitung im Stehkreis. Nun wird im Uhrzeigersinn durchgezählt. Jedes Kind merkt sich seine zugewiesene Zahl und beginnt sich durch den Raum zu bewegen. Begegnet es einem anderen Kind, gibt es ihm die Hand und sagt seine Zahl. Auch das andere Kind sagt seine Zahl. Durch das Händeschütteln wird die Zahl getauscht. Die Kinder merken sich ihre neue Zahl (die alte Zahl brauchen sie sich nicht länger zu merken), gehen weiter, finden einen anderen Partner und sagen beim Händeschütteln nun die neue Zahl. Dabei tauschen sie erneut die Zahlen. So wird nun ein paar Minuten fröhlich getauscht. Anschließend treffen sich wieder alle im Kreis und es wird besprochen, welche Zahlen noch da sind, ob manche fehlen oder sogar doppelt sind. Gemeinsam kann über Schwierigkeiten und Merkhilfen reflektiert werden.

Beispiele für Reflexionsfragen

- Fiel es dir zu Beginn oder am Ende des Spiels leichter, dir die Zahlen zu merken?
- Gab es Zahlen, die du dir leicht merken konntest? Woran lag das?
- Welche Zahlen konntest du dir nur schwer merken? Woran lag das?
- Hattest du einen Trick, wie du dir Zahlen besonders gut merken konntest? Welchen?

Hinweis

Viele Kinder kennen das Durchzählen bereits aus dem Kindergarten. In einer fortlaufenden Kette zu zählen, fällt ihnen meist nicht schwer. Sich die Zahlen aber isoliert zu merken und sogar zu tauschen, ist eine knifflige Angelegenheit. Da die Zahlenraumvorstellung erst noch aufgebaut wird, ist diese Übung eher eine lustige Art des Gedächtnistrainings und eine spielerische Annäherung an die Zahlen.

Eckenschleichen

Den vier Ecken des Raumes werden Nummern zugewiesen. Die Ecke, die dem Pult am nächsten ist, bekommt die Nummer 1, dann geht es im Uhrzeigersinn weiter mit Ecke 2, Ecke 3 und Ecke 4. Alle Kinder stehen auf. Die Spielleitung bestimmt ein Kind als „Eckenrufer“. Dieses Kind bleibt an seinem Platz sitzen, lehnt sich mit dem Oberkörper auf den Tisch, sodass sein Gesicht in seinen verschränkten Armen versinkt. Es darf nicht sehen, was die anderen machen. Das Spiel beginnt. Der Eckenrufer zählt laut und deutlich bis zehn. In dieser Zeit schleichen die anderen Kinder durch das Zimmer und stellen sich in eine der vier Ecken. Der Eckenrufer wählt eine beliebige Ecke aus. Er ruft beispielsweise „Ecke 3“. Alle Kinder, die sich in „Ecke 3“ befinden, scheiden aus und setzen sich auf ihre Plätze. Nun zählt der Eckenrufer erneut bis zehn, die übrigen Kinder schleichen sich wieder in eine der vier Ecken und warten, welche Wahl der Eckenrufer dieses Mal trifft. So geht das Spiel weiter, bis nur noch ein einziges Kind übrigbleibt. Dieses wird dann der nächste Eckenrufer. Wenn einzelne Ecken nicht besetzt wurden, sollten Sie als Spielleiter dem Eckenrufer sagen, welche Ecken zur Auswahl stehen.

Spiele zur Förderung der Konzentration

Gutenmorgen-Gruß

Alle Kinder sitzen mit der Spielleitung im Kreis, fassen sich an den Händen und schließen ihre Augen. Die Spielleitung drückt die Hand ihres im Uhrzeigersinn nächsten Nachbarns deutlich. Dieses Kind gibt den Gruß weiter, indem es die Hand seines anderen Nachbarns drückt. So läuft der Gruß einmal im Kreis bis er wieder bei der Spielleitung angekommen ist. Während der ersten Durchgänge sollte die Spielleitung ihre Augen geöffnet lassen, um zu verfolgen, wo sich der Gruß gerade befindet. So kann sie gegebenenfalls helfen, wenn der Gruß stecken geblieben ist oder Tipps geben, wenn ein Kind die Hand des Nachbarns zu undeutlich oder zu stark drückt.

Hinweis

Dieses Spiel bedarf einiger Durchgänge bis es vollständig klappt. Bei den ersten Versuchen sind die Kinder meist aufgeregt und dadurch sehr unruhig. Nutzen sie diese Situationen und reflektieren Sie mit den Kindern darüber, wie das Spiel besser gelingen kann. Je öfter sie dieses Spiel durchführen, desto ruhiger und fokussierter werden die Kinder und desto genauer werden sie auf ihren Nachbarn achten.

Variante

Haben die Kinder etwas Übung, kann die Spielleitung auch einen zweiten Gruß in die gegenläufige Richtung losschicken.

Foto im Kopf

Alle Kinder sitzen mit der Spielleitung im Kreis. Die Spielleitung legt zügig sieben Gegenstände in die Mitte des Kreises. Die Kinder betrachten sie genau und versuchen sich möglichst alle einzuprägen. Nach ca. 30 Sekunden machen die Kinder ein letztes „Foto in ihrem Kopf“, denn nun breitet die Spielleitung ein großes Tuch über den Gegenständen aus. Wer konnte sich alle Gegenstände merken? Gemeinsam werden die verdeckten Gegenstände benannt.
Nachdem die Kinder ihr „Foto im Kopf“ gemacht haben, schließen sie die Augen. Die Spielleitung deckt die Gegenstände mit dem Tuch ab und entfernt einen der sieben Gegenstände, indem sie ihn in das Tuch einwickelt und beides auf ihren Schoß legt. Auf ein Signal öffnen die Kinder die Augen und betrachten die übrigen sechs Gegenstände. Finden sie heraus, welcher Gegensand fehlt?

Material

verschiedene Gegenstände (z.B. Lineal, Spitzer, Radiergummi ...), großes Tuch

Wurfkette

Die Kinder stehen mit der Spielleitung im Stuhlkreis. Die Spielleitung wirft einen Ball zu einem beliebigen Kind und setzt sich auf ihren Stuhl. Das Kind, das den Ball gefangen hat, wirft ihn einem anderen Kind zu und setzt sich anschließend ebenfalls. Das geht so lange, bis jeder den Ball einmal hatte und alle Kinder nach und nach sitzen. Das letzte Kind lässt den Ball langsam in die Mitte des Kreises rollen. Bisher kein Problem? Dann geht es nun ans Eingemachte: Alle stehen wieder auf und die Spielleitung verrät, dass in der zweiten Runde der Ball in der gleichen Reihenfolge geworfen werden soll. Hat sich jeder gemerkt, von wem er den Ball bekommen und wem er ihn zugeworfen hat? Hat das Spiel schon ein paar Mal gut geklappt, kann der Ball in der nächsten Runde in umgekehrter Reihenfolge geworfen werden. Es beginnt also das letzte Kind, wirft zum Vorletzten, dieses zum Vorvorletzten usw.

Material

Ball, Stühle

Bilddiktat

Die Spielleitung teilt die Kinder in Zweiergruppen auf. Die Partner setzen sich Rücken an Rücken, damit keiner sieht, was der andere vor sich hat. Ein Kind bekommt eine Bildkarte, auf der ein einfaches Motiv (z.B. Sonne, Haus, Schneemann) zu sehen ist. Das andere Kind legt ein DIN-A5 großes Schmierpapier und einen Bleistift bereit. Das Kind mit der Bildkarte versucht nun, sein Bild so genau wie möglich zu beschreiben. Dabei darf es aber nicht einfach das Motiv benennen (z.B. Male einen SCHNEEMANN.“), sondern es diktiert dem anderen Kind, was es genau zeichnen soll (z.B. „Zeichne drei Kreise übereinander ...). Das andere Kind versucht, das Bild gemäß der Anleitung zu zeichnen. Anschließend wird das entstandene Bild mit der Vorlage verglichen.

Tipp

Diktieren Sie zuerst allen gleichzeitig ein Bild, damit die Kinder verstehen, wie man Dinge beschreibt ohne konkrete Begriffe zu verwenden.

Variation

Anstatt das Bild zu beschreiben, können die Kinder auch mit dem Finger auf den Rücken ihres Partners zeichnen. Der Partner versucht die Berührungen auf ein Blatt Papier zu zeichnen.

Material

Bildkarten, DIN-A5 großes Schmierpapier, Bleistifte

Wechselkreis

Diese Übung sollte in der Turnhalle oder im Freien durchgeführt werden. Die Kinder stehen im Kreis und zählen auf „2“ durch. Sind es nicht gleich viele Einser wie Zweier, stellt sich die Spielleitung an der passenden Stelle in den Kreis. Alle fassen sich an den Händen (es sollten abwechselnd "Einserkinder" neben "Zweierkindern" stehen). Nun müssen sich alle sehr gut konzentrieren. Auf ein Signal der Spielleitung lehnen sich alle "Einserkinder" vorsichtig nach außen und alle "Zweierkinder" vorsichtig nach innen. Nur wenn alle aufeinander achten und sich gleichzeitig bewegen, bleibt der Kreis im Gleichgewicht. Funktioniert die Übung gut, kann auf ein Signal der Spielleitung immer wieder gewechselt werden, so dass eine stete Bewegung entsteht.

Gegenteil-Tag

Bei diesem Spiel wird viel gelacht. Die Kinder bewegen sich durch das Klassenzimmer. Trifft ein Kind auf ein anderes Kind, stellt es ihm eine Frage, die dieses nur eindeutig mit „Ja“ oder „Nein“ beantworten kann (z. B. „Trägst du rote Socken?“ oder „Ist dir schon ein Milchzahn ausgefallen?“). Die Schwierigkeit besteht darin, dass das gefragte Kind zwar die wahre Antwort sagen, gleichzeitig aber die gegenteilige Bewegung machen soll, bei „Ja“ also Kopfschütteln und bei „Nein“ Kopfnicken. Das erfordert hohe Konzentration und ist gar nicht so leicht. Anschließend darf das bereits gefragte Kind seine Frage stellen. Haben beide eine Frage gestellt und eine Frage beantwortet, gehen sie wieder durch das Klassenzimmer und suchen einen neuen Partner.
Vor Spielbeginn ist es sinnvoll, mit den Kindern mögliche Fragen, die nur mit Ja und Nein beantwortet werden können, zu sammeln und den Spielverlauf exemplarisch mit einem oder zwei ausgewählten Kindern zu zeigen.

Fotograf

Die Spielleitung teilt die Kinder in Zweiergruppen ein. In jeder Zweiergruppe übernimmt ein Kind die Rolle des Fotografen und ein Kind die Rolle des Objekts. Wenn sich beide gegenüberstehen, schließt der Fotograf die Augen. Das Objekt überlegt sich eine bestimmte Pose, nimmt diese ein und „friert fest“. Diese Position muss nun einige Zeit gehalten werden. Weisen Sie die Kinder im Vorfeld darauf hin, damit sie dies bei der Wahl ihrer Pose berücksichtigen. Auf ein Signal der Spielleitung öffnet der Fotograf für zehn Sekunden die Augen und versucht sich alles genau einzuprägen. Auf ein erneutes Signal der Spielleitung schließt der Fotograf wieder die Augen. Das Objekt verändert nun EINEN Aspekt seiner eingenommenen Pose (z. B. Bein anheben, Lächeln, Hausschuh ausziehen). Auf das dritte Signal der Spielleitung öffnet der Fotograf wieder die Augen und betrachtet sein Objekt ganz aufmerksam. Hat er sich zuvor konzentriert und sich alle Details genau gemerkt? Kann er herausfinden, was sich verändert hat? Nach jeder Runde werden die Rollen getauscht.

Tipp

Besprechen und sammeln Sie im Vorfeld mit den Kindern geeignete Aspekte, die sich in einer eingenommenen Pose leicht verändern lassen. Diese Veränderungen sollten zwar nicht zu offensichtlich, dennoch aber deutlich erkennbar sein.

Um die Ecke denken

Die Kinder stehen mit der Spielleitung im Kreis. Zum besseren Verständnis beginnt die Spielleitung und zeigt mit dem Zeigefinger auf einen Körperteil, z. B. ihre Nase. Dabei benennt sie jedoch einen vollkommen anderen Körperteil. Sie sagt beispielsweise: „Das ist mein rechter Fuß." Das im Uhrzeigersinn nächste Kind zeigt nun auf seinen rechten Fuß, benennt aber wiederrum einen anderen Körperteil, z. B. sagt es: „Das ist mein Mund". Das nächste Kind zeigt auf seinen Mund und benennt wieder einen anderen Körperteil. So geht es immer weiter, bis alle einmal dran waren.

Hinweis

Das Spiel fördert neben dem Kennenlernen der verschiedenen Körperteile auch das richtige Zuordnen von Links und Rechts.

Tipp

Thematisieren Sie vor Spielbeginn, dass es nicht schlimm ist, wenn sich einer verspricht oder den verkehrten Körperteil berührt. Anstatt das Kind auszulachen, sollen alle zusammenhelfen. Damit bringen Sie die Kinder dazu, die ganze Zeit aktiv mitzudenken.

Wimmelbilder-Detektiv

Die Spielleitung hat im Vorfeld ein Wimmelbild in der Anzahl der Kinder kopiert. Die Kinder finden sich in Zweiergruppen zusammen, setzen sich mit dem Rücken aneinander und erhalten jeder ein Wimmelbild. Ein Kind der Zweiergruppe ist der „Beschreiber", das andere Kind ist der „Detektiv". Der Beschreiber betrachtet das Wimmelbild und sucht sich ein Detail (z. B. eine Person, ein Gegenstand, eine Pflanze) heraus. Nun beschreibt er dem Detektiv dieses Detail mit Worten so genau wie möglich. Der Detektiv hört aufmerksam zu und untersucht das Bild nach den gehörten Hinweisen. Dabei darf er auch Fragen stellen. Hat der Detektiv den gesuchten Gegenstand/die gesuchte Person gefunden, werden die Rollen getauscht.

Tipp

Wenn Sie verschiedene Wimmelbilder in mehrfacher Ausführung (mindestens doppelt) kopieren, können sie damit eine Wimmelbild-Kartei anlegen, mit der sich die Kinder selbstständig in der Freiarbeit oder nach dem Erledigen eines Arbeitsauftrages beschäftigen können.

Material

Wimmelbild(er) mehrfach auf festem Karton kopiert oder laminiert

Hausschuhsalat

Alle Kinder sitzen im Kreis, ziehen ihre Hausschuhe aus und legen sie in die Mitte. Ein Kind darf alles kräftig durchwühlen und zu einem Haufen zusammenschieben. Ein anderes Kind darf ein großes Tuch darüber ausbreiten. Nun beginnt das Spiel. Ein von der Spielleitung ausgewähltes Kind greift unter das Tuch und holt einen Hausschuh hervor. Es betrachtet ihn genau und überlegt, wem dieser Schuh wohl gehören könnte. Hat es eine Vermutung, stellt es den Schuh vor das jeweilige Kind. Liegt es richtig, zieht das betreffende Kind den Schuh an und ist nun als Nächstes an der Reihe. Liegt es falsch, dürfen die anderen mithelfen, bis der richtige Besitzer gefunden ist. Auch in diesem Fall ist der Besitzer des Hausschuhs als Nächstes an der Reihe. In der Regel wird der zweite Schuh eines Paares leichter zugeordnet.

Material

Hausschuhe der Kinder, großes Tuch oder Decke

Spiele für Bewegungspausen

Waschstraße

Die Kinder bilden eine Gasse, indem sie sich in zwei Reihen gegenüber knien. Diese Gasse ist die Waschstraße und wird im Verlauf des Spiels von jedem Kind auf allen Vieren durchkrabbelt. Dabei sind die Kinder Fahrzeuge, die während ihres Aufenthalts in der Waschstraße von den anderen Kindern „gewaschen" werden. Jedes Kind gibt vor dem Betreten der Waschstraße an, welche Art von Fahrzeug es sein möchte. Dadurch kann jeder individuell bestimmen, welche Intensität die Berührungen der anderen haben sollen. Ein zierliches Mofa wird nur leicht gekitzelt, ein teurer Sportwagen sanft gestrichen, ein normales Auto wird leicht massiert und ein schmutziger Laster wird fest geknetet und stark gekitzelt. Das Kind am Eingang der Waschstraße beginnt. Wer die Waschstraße „durchkrabbelt" hat, nimmt am Ausgang der Gasse wieder Position ein.

Hinweis

Es wird vielleicht Kinder geben, die unsicher sind oder sich nicht berühren lassen möchten. Reagieren Sie einfühlsam und zwingen Sie sie keinesfalls. Vielleicht trauen sie sich nach ein paar Spielrunden mitzumachen. Wenn nicht, ist das auch in Ordnung.

Stopp-Tanz

Der Klassiker unter den Bewegungspausen. Während die Musik läuft, dürfen die Kinder wild durch das Klassenzimmer tanzen. Wird die Musik durch die Spielleitung zu einem unerwarteten Moment gestoppt, frieren alle in ihren Bewegungen ein. Jetzt darf sich keiner mehr bewegen. Erst wenn die Musik wieder spielt, geht das Tanzen weiter. Das Spiel kann mit und ohne Ausscheiden gespielt werden. Während einer Bewegungspause ist es aber zu empfehlen, die Variante ohne Ausscheiden zu wählen, damit sich alle Kinder ausreichend lockern und Sauerstoff tanken.

Material

Musik

Orgelpfeifen

Die Spielleitung zeigt ein Bild, auf dem eine Orgel abgebildet ist. Die Kinder betrachten das Bild, beschreiben die Anordnung der Orgelpfeifen nach Größe und vermuten, warum das so ist. Bei weiteren Spieldurchgängen reicht es, wenn Sie die Bildkarte einfach zeigen oder an die Tafel hängen. Nun beginnt das eigentliche Spiel. Die Spielleitung gibt ein akustisches Signal. Die Kinder laufen los und versuchen sich der Größe nach aufzustellen. Ob sie sich von Groß zu Klein oder von Klein zu Groß sortieren, ist egal. Die Schwierigkeit besteht darin, dass die Kinder dabei nicht sprechen, sondern sich nur mit Hilfe ihrer Mimik und Gestik verständigen dürfen. Immer wieder müssen Kinder aus der Reihe heraustreten, um zu beurteilen, ob die Anordnung stimmt. Doch treten zu viele hervor, ist die Reihe nicht mehr zu erkennen. Eine knifflige Aufgabe, die nur gemeinsam bewältigt werden kann.

Material

Bildkarte „Orgelpfeifen“

Ab durch die Mitte

Die Kinder stehen mit der Spielleitung im Kreis und halten sich an den Händen. Zwei Kinder fassen sich jedoch nicht an den Händen, sondern halten mit je einer Hand einen Gymnastikreifen zwischen sich. Nun dürfen die Hände nicht mehr losgelassen werden. Das Spiel beginnt. Alle sollen den Reifen nacheinander durchqueren und anschließend auf der anderen Seite stehen. Werden die Hände an einer Stelle gelöst, wird noch einmal von vorne begonnen.

Material

Gymnastikreifen

Ufo-Spiel

Die Kinder bewegen sich zu Musik durch das Klassenzimmer. Sobald die Musik stoppt, versuchen alle möglichst schnell und ohne zu sprechen einen großen Kreis zu bilden. Dabei reicht jeder einem Kind die linke Hand und einem Kind die rechte Hand. Das klingt leichter als es ist, denn im Klassenzimmer befinden sich ja noch Hindernisse wie Stühle und Tische. Wenn ein vollständiger Kreis (das Ufo) entstanden ist, wird ein gemeinsamer Countdown (von der Zahl zehn rückwärts) gezählt. Bei „Null“ lassen alle die Hände los und werfen die Arme über den Kopf. Das Ufo hebt ab. Gerne darf dies durch Geräusche der Kinder untermalt werden. Anschießend fliegt jeder auf seinen Sitzplatz zurück.
Um Unfällen vorzubeugen geben Sie die Regel vor, dass „Hindernisse“ nur umlaufen und nicht überklettert oder übersprungen werden dürfen.

Material

Musik

Hundehütte, Parkbank, Pyramide

Die Kinder finden sich in Zweiergruppen zusammen. Bleibt ein Kind übrig, spielt die Spielleitung als fehlender Partner mit. Zu Musik bewegen sich die Kinder durch das Klassenzimmer. Stoppt die Musik, bleiben alle Kinder stehen und schauen zur Spielleitung. Diese ruft einen der drei möglichen Positions-Begriffe (Hundehütte, Parkbank, Pyramide). Die Kinder suchen ihren Partner und nehmen die geforderte Position so schnell wie möglich ein. Wenn alle Paare ihre Position eingenommen haben, wird wieder Musik gespielt. Die Kinder bewegen sich wieder durch das Klassenzimmer, bis die Spielleitung den nächsten Positions-Begriff ruft.

Positionen

- Hundehütte: Ein Kind kniet im Vierfüßler-Stand (Hund), das andere steht mit gespreizten Beinen über ihm (Hütte).
- Parkbank: Ein Kind kniet im Vierfüßler-Stand (Bank), das andere sitzt seitlich gedreht auf dem Rücken des anderen. Achtung: Sitzposition nur vorsichtig angedeutet, nicht volles Gewicht auf den Rücken des anderen!
- Pyramide: Die beiden Kinder knieen sich gegenüber und drücken die Handflächen gegen die des Partners, so dass über ihren Köpfen ein Dreieck wie bei einer Pyramide entsteht.

Material

Musik

Schmelzende Eisscholle

Jedes Kind kommt in den Stehkreis und erhält ein Sitzkissen. Nun werden die Kissen in der Mitte des Kreises zu einer „Eisscholle“ geformt. Dabei sollen die Kissen zwar aneinander angrenzen, sich aber nicht überlappen. Zu Musik bewegen sich die Kinder (Eisbären) um die Eisscholle herum. Stoppt die Musik, muss jeder Eisbär Platz auf der großen Eisscholle finden. Zu Beginn ist das noch einfach, doch nach jeder Runde nimmt die Spielleitung ein Sitzkissen weg. Die Eisscholle beginnt zu schmelzen und wird kleiner. Die Eisbären müssen sich helfen und gegenseitig halten. Wie klein kann die Eisscholle werden, bevor ein Eisbär ins Wasser fällt?

Material

Sitzkissen oder Teppichfließen, Musik

Kommandozentrale

Dieses Spiel sollte in der Turnhalle oder im Freien durchgeführt werden. Die Kinder finden sich in Zweiergruppen zusammen und stellen sich hintereinander auf. Das vordere Kind ist das U-Boot, das hintere Kind ist der U-Boot Kapitän. Der Kapitän läuft immer nah hinter seinem U-Boot her und steuert es im Laufen aus der Kommandozentrale.

Beispiele

- Tippen auf die linke Schulter: Das U-Boot dreht sich nach links.
- Tippen auf die rechte Schulter: Das U-Boot dreht sich nach rechts.
- Doppelklopfer auf den Rücken: Das U-Boot hält an (stehen bleiben).
- Erneuter Doppelklopfer auf den Rücken: Das U-Boot fährt wieder los (loslaufen).
- Handinnenfläche auf Kopf legen: Das U-Boot taucht weiter ab (in die Hocke gehen).
- Hand vom Kopf nehmen: Das U-Boot taucht wieder auf (aufstehen).

La-Ola-Welle

Alle Kinder stehen ruhig mit der Spielleitung im Kreis. Die Spielleitung gibt ein kurzes stummes Signal, in welche Richtung sie die Welle losschickt, z. B. mit einem Fingerzeig. Anschließend bewegt sie beide Arme in der typischen Wellenbewegung erst auf und dann ab. Danach steht sie wieder ruhig. Das neben ihr stehende Kind in der vorgegebenen Richtung beginnt seine Welle, wenn die Arme der Spielleitung auf dem höchsten Punkt sind. Haben seine Arme den höchsten Punkt erreicht, setzt der Nachbar ein. So kommen nacheinander alle Kinder an die Reihe und die Welle läuft einmal oder mehrmals durch den Kreis.

Tipp

Führen Sie die La-Ola-Welle die ersten Durchgänge im Zeitlupentempo aus, damit die Kinder erst einmal verstehen, wann sie mit der Bewegung einsetzen sollen. Funktioniert es gut, können sie das Tempo langsam steigern.

Variation

Sind die Kinder geübt, kann die Spielleitung auch in beide Richtungen La-Ola-Wellen losschicken. Knifflig ist es dann für die Kinder, bei denen sich beide Wellen treffen, denn dort kreuzen sich die Richtungen. Die angrenzenden Kinder sind anschließend gleich wieder an der Reihe und geben die Welle der anderen Laufrichtung weiter.

Bewegungsgeschichte: Tiere in der Schule

Die Spielleitung liest folgende Geschichte vor. Die Kinder hören zu und machen die passenden Bewegungen dazu:

Tiere in der Schule

Nanu...was ist denn hier los?
(Stirnrunzeln, verwirrt blicken)

Die Schule sieht heute ganz anders aus.
(Hand an die Stirn und in die Ferne blicken)

Statt Kindern bewegen sich lauter Tiere durch den Flur.

Fledermäuse flattern die Flure entlang.
(Oberarme liegen am Körper an, Unterarme und Hände flattern wild, flinke Schritte durch Klassenzimmer, fiepende Geräusche)

Die Affen schwingen sich von Garderobe zur Garderobe.

(hin und her springen und mit den Armen in der Luft nach etwas greifen, Affengeschrei, ab und an am Kopf kratzen oder den Partner lausen)

Pinguine watscheln zwischen Toiletten und Lehrerzimmer hin und her.
(Arme liegen am Körper an, nur Hände sind abgespreizt, steife Bewegungen, watscheln durch das Klassenzimmer, quakende Geräusche)

Im Klassenzimmer geht das Chaos weiter:

Auf den Stühlen sitzen Robben und klatschen in die Flossen.
(auf den Stuhl setzen, in die Hände klatschen und Robbenheulgeräusche)

Niemand kann sehen, was an der Tafel steht, denn im ganzen Klassenzimmer verteilt stehen Flamingos auf einem Bein.
(auf einem Bein stehen, die Arme bei Bedarf zum Ausbalancieren nutzen)

Und durch das Klassenzimmer schleichen Tiger und fauchen.
(wie eine Raubkatze schleichen, Zähne fletschen, mit der Hand Tatze mit Krallen formen und laut fauchen)

Was für ein Lärm und Durcheinander!
(Ohren zuhalten)

Besser schnell nach draußen!
(Auf der Stelle laufen)

Doch draußen stampfen Elefanten über den Pausenhof.
(mit einer Hand an die Nase fassen, den anderen Arm als Rüssel hin und her schlenkern, fest mit den Füßen aufstampfen, Töröh-Geräusche)

Kängurus hüpfen durcheinander und boxen in die Luft.
(mit beiden Beinen gleichzeitig hüpfen, kurze Boxbewegungen)

Und auf dem Boden schlängeln Schlangen.
(Arme über den Kopf nehmen und Handflächen aneinanderlegen, mit dem Körper schlängelnde Bewegungen machen)

Puh, das ist mir alles zu viel!
(mit Handrücken über Stirn streichen)

Ich gehe zu einem Koala, der sich zwischen zwei Bäumen eine Hängematte gespannt hat.
(auf der Stelle gehen, mit Finger einen nach oben offenen Halbkreis in die Luft zeichnen)

Ich kuschle mich zu ihm und schlafe ein.
(Handflächen aneinanderlegen und an Wange schmiegen, Augen schließen, ruhig atmen)

Als ich wieder aufwache,
(strecken, gähnen)

sind alle Tiere verschwunden und ich kann entspannt weiterlernen.

Don Bosco MiniSpielothek
Klein, fein, alles drin

ISBN 978-3-7698-2572-5

ISBN 978-3-7698-2573-2

ISBN 978-3-7698-2569-5

ISBN 978-3-7698-2565-7

ISBN 978-3-7698-2558-9

ISBN 978-3-7698-2559-6

ISBN 978-3-7698-2556-5

ISBN 978-3-7698-2555-8

ISBN 978-3-7698-2546-6

ISBN 978-3-7698-2545-9

ISBN 978-3-7698-2540-4

ISBN 978-3-7698-2539-8

ISBN 978-3-7698-2521-3

ISBN 978-3-7698-2520-6

ISBN 978-3-7698-2510-7

ISBN 978-3-7698-2509-1

ISBN 978-3-7698-2503-9

ISBN 978-3-7698-2498-8

ISBN 978-3-7698-2497-1

ISBN 978-3-7698-2466-7

ISBN 978-3-7698-2465-0

ISBN 978-3-7698-2450-6

ISBN 978-3-7698-2449-0

ISBN 978-3-7698-2400-1

ISBN 978-3-7698-2398-1

ISBN 978-3-7698-2397-4

ISBN 978-3-7698-2376-9